脫下實驗袍的大學校長

方錫經的人生航程

方錫經——著

九十歲壽辰慶生。

在五姐方圓女士基隆家小聚。

台灣師範大學四十六級理化學系同學會，攝於花東縱谷。

台灣師範大學四十六級理化學系同學會，攝於美國。

二〇〇三年十月三日至十三日，台灣師範大學四十六級理化學系同學會，攝於美國夏威夷群島歐胡島。

與台灣師大四十六級理化學系同學及眷屬聚會，攝於美國。

結婚家族照。

結婚當天迎娶新娘前留影。

次子出生後全家福。

早年帶孩子們出遊。

南投名間內人娘家留影。

長子嘉郎台北結婚照。

長女嘉琳東京婚禮。

次子嘉佑台北結婚照。

三代同遊，攝於宜蘭。

帶兒孫遊台中，攝於住宿飯店。

日本東京女兒家小住。

日本山梨縣採水蜜桃。

日本北海道知床之旅。

日本石川縣金澤加賀屋，為內人慶生。

日本金澤金箔茶室留影。

日本伊豆修善寺溫泉留影。

日本箱根避暑。

遊日本箱根雕刻森林美術館。

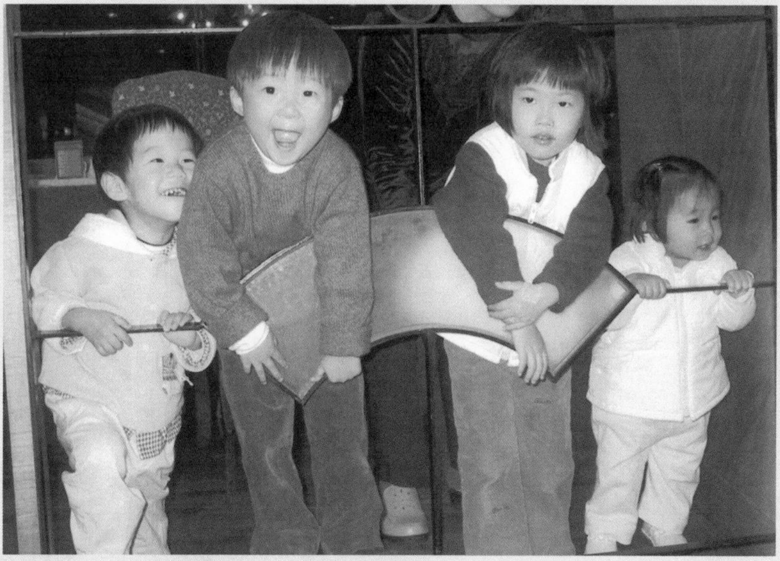

孫子們小時候留影。

孫子昱人遊台中留影。

嘉琳家族近照。

外孫德倫回日本時總是依依不捨。

嘉佑全家福。

與襟兄林傳勳合影。

與北醫創校時董事長徐千田先生合影於日本長崎大學。

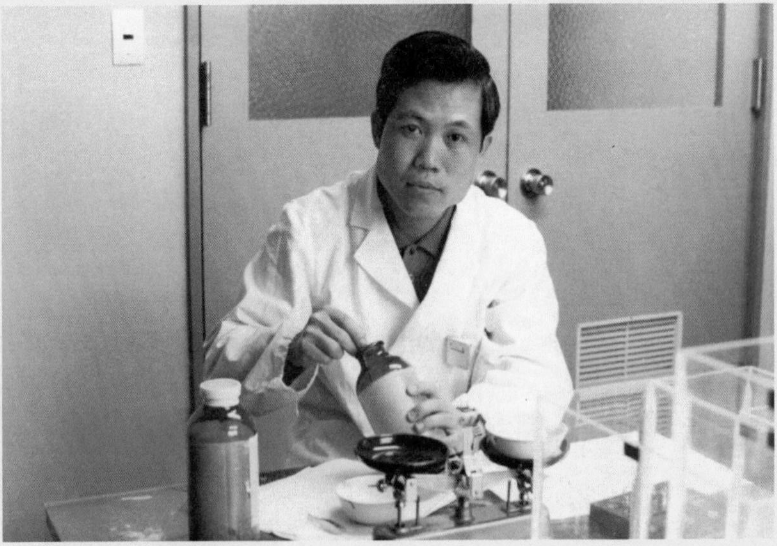

日本長崎大學研究室留影。

留學日本長崎大學時，在宮城賞櫻留影。

台北醫學大學正門。

時任實踐設計管理學院院長，攝於院長會客室。

一九九七年七月，時任實踐設計管理學院院長，與內子合影。

一九九九年三月，卸任實踐大學校長，接受新任校長頒發感謝狀。

二〇〇〇年三月二十六日，實踐大學四十二週年校慶，與謝東閔創辦人、服裝設計學系林成子主任合影。

二○○四年三月，實踐大學四十六週年校慶，與謝孟雄董事長合影。

二○○四年三月，實踐大學四十六週年校慶，與建國中學同學高亞明、蘇柳田、謝孟雄合影。

二〇〇五年六月四日，實踐大學董事會舉辦謝孟雄校長榮退感恩酒會。

二〇二〇年七月二日，實踐大學第二十屆第八次董事會議，全體董監事、新卸任校長、行政主管合影留念。

實踐大學台北校區。

實踐大學台北校區圖資大樓。

實踐大學高雄校區正門。

實踐大學高雄校區體育館。

一九九四年七月十四日至二十四日，參加第十一屆國際大學校長協會會議，並訪問實踐學院加州校友會，與中山醫學大學蕭校長夫婦合影。

一九九五年十二月三日至七日，參加中華民國私立大學校院協進會舉辦紐澳大學校院發展觀摩團，與與會成員夫婦合影。

赴河南鄭州參加昇達大學畢業典禮，與該大學王廣亞董事長、教務長、學務長合影。

出版心語

十多年前，全球數位出版蓄勢待發，美國從事數位出版的業者超過百家，亞洲數位出版的新勢力也正在起飛，諸如日本、中國大陸都方興未艾，而臺灣卻被視為數位出版的處女地，有極大的開發拓展空間。植基於此，本組自二〇〇四年九月起，即醞釀規劃以數位出版模式，協助本校專任教師致力於學術出版，以激勵本校研究風氣，提升教學品質及學術水準。

在規劃初期，調查得知秀威資訊科技股份有限公司是採行數位印刷模式並做數位少量隨需出版（POD＝Print On Demand）（含編印銷售發行）的科技公司，亦為中華民國政府出版品正式授權的POD數位處理中心，尤其該公司可提供「免費學術出版」形式，相當符合本組推展數位出版的立意。隨即與秀威公司密集接洽，雙方就數位出版服務要點、數位出版申請作業流程、出版發行合約書以及出版合作備忘錄等相關事宜逐一審慎研擬，歷時九個月，至二〇〇五年六月始告順利簽核公布。

執行迄今，承蒙本校謝孟雄董事長，歷／現任校長、教務長、圖資長、法律顧問以及秀威公司宋政坤總經理等多位長官給予本組全力的支持與指導，本校諸多教師亦身體力行，主動提供學術專著委由本組協助數位出版，數量逾八十本，在此一併致上最誠摯的謝意。諸般溫馨滿溢，將是挹注本組持續推展數位出版的最大動力。

本出版團隊現由錢中媛組長、王雯珊老師以及秀威公司出版部編輯群為組合，以極其有限的人力，充分發揮高效能的團隊精神，合作無間，各司統籌策劃、協商研擬、視覺設計等職掌，在精益求精的前提下，至望弘揚本校實踐大學的辦學精神，具體落實出版機能。

實踐大學圖書暨資訊處採編暨出版組　謹識

二〇二一年八月

前言

每一個人的人生，猶如航行在大海中的一艘船，在波濤中飄蕩，時而波峰，時而浪谷，只要奮勇前行，當抵達終點時，將是風和日麗的美好人生。

我這艘人生的航船，在大海中已經飄蕩了九十年，是一艘古船了。在我的人生航程中，留下了許許多多的回憶，往事頗堪回首。

老年人都喜歡回憶過去，我當然也沒有例外。今年欣逢九十歲壽誕，又是與內子吳素淑結婚六十週年，十分具有意義，自然而然就很想打開那扇回憶的窗扉，憶起我的人生航程，並且把它真實地記述下來，以為永久的紀念。

目次

附錄　117

一、代代務農的家族

將飯菜從廚房送到飯廳，當時戲稱「飯桶掛車輪」。
待飯菜擺妥後，還得敲打銅鑼呼叫族人齊來吃飯。

我的祖先來自福建漳州，定居於當時的新竹州竹南庄山佳里（現苗栗縣），代代務農，五代同堂，族人約五十人同住一座三合院。每到吃飯的時候，需用四輪手推車，將飯菜從廚房送到飯廳，當時戲稱「飯桶掛車輪」。待飯菜擺妥後，還得敲打銅鑼呼叫族人齊來吃飯。因此，族人彼此關係非常融洽，不分你我，相互扶助。

我的祖父名方茂林，祖母李雪雲，在我出生之前已經往生。家先父名長，家先母杜匏，育有三男五女。大哥息南，二哥錫坤，大姐娥，二姐青，三姐涼，四姐快，五姐圓。我排行老么，民國二十年一月二十日出生。

祖父母過世後，父親分得五甲水田，其中四甲租給佃農耕作，留一甲自耕。國民政府來台後，實施「耕者有其田」政策，那出租的四甲水田就被徵收了。

雖然自耕一甲水田，但是舉凡整地、犁田、插秧、灌溉、除草、收割等農事，都需雇工幫忙。農忙期，每天上午六點鐘給工人吃早餐而後上工。約莫上午十點多，要送點心至田埂給雇工吃，再吃午餐，下午三點多又吃一次點心，到黃昏時分，才踏著夕陽的餘暉再回我家吃晚餐。

當稻穗成熟時，農田呈現一片金黃色。收割時使用脫穀機打落稻穗，裝袋運回家，鋪在院子地上，曬乾後再存放入穀倉裡。等需要出糴時，再運到礪米廠礪成白米。古人有詩曰：「始信盤中飧，粒粒皆辛苦。」長於農家，體會尤深，因此，每當吃飯時，父母親總會提醒我們：「一粥一飯，當思來處不易。」只要有一顆米粒掉在餐桌上，也要我們撿起來吃，不可浪費，暴殄天物。身為農家子弟的我，自然而然從小就養成了珍惜食物的習慣。

二、童年往事

山佳離海不遠，魚類不難吃到，但是肉類因限量供應，得拿「配給券」去排隊購買。

我出生時命理師說我命中缺水，父母接受建議，替我取了小名「阿水」。早年在家鄉時，家人、親戚、朋友都阿水長、阿水短的叫。後來在台北遇見同鄉，也是一見面就脫口而出的叫「阿水」，聽起來真是備感親切。這個深具鄉土性的小名就這樣跟了我一輩子。

幼年時期，生長在大家庭裡的我，不乏玩伴。每天都跟在六個兄姐後面團團轉。前庭後院、大樹下、田梗間，都是我們嬉戲的最好場所。那時是日本統治時代，為了支援戰爭前線，生活物資非常缺乏，民不聊生。住在鄉下，不乏蔬菜水果。山佳離海不遠，魚類不難吃到，但是肉類因限量供應，得拿「配給券」去排隊購買。記得有一次，母親交代我去買豬肉，當我到肉攤時，只見本地人（台灣人）窗口已大排長龍，而在內地人（日本人）專用窗口排隊的人則寥寥無幾。好不容易輪到我了，豬肉卻已經賣完了。我很洩氣的回到家，向母親說明原委後，母親讓我去向已歸化日本籍的叔叔家借內地人的配給券，這才順利的在內地人窗口買到豬肉。

當時日本推行皇民化，強制台灣人將生活習俗改成日本式。諸如過年改過新曆年，門口得放「門松」（松竹裝飾），大廳神桌上要放置日本開國大神「天照大神」神符。若不遵守，會遭重罰。

每當農曆年前，日本的巡查（警察）會到家裡來檢查。舉凡春聯等節慶用品，全部會遭撤除。這種蔑視台灣文化、踐踏人心的統治方式，真教人氣憤難當，但也只能忍氣吞聲。

三、求學歷程

要在宿舍前庭種花，需要用些石頭來造出花圃。
我們就各自從家裡搬來石頭，幫老師完成那片小花圃。

1. 小學時代

二次世界大戰末期，日本在南洋（東南亞）節節戰敗。我所就讀的竹南宮前國民學校（現竹南國小）的操場，停放許多裝甲車、大砲和砲台。禮堂和部分教室提供日軍住宿。美軍的戰機三天兩頭來空襲。那時竹南有製糖廠、磚瓦窯，煙囪林立。有一次美機攻擊新竹空軍基地，飛經竹南上空時，看到許多煙囪，誤以為是要塞重地，猛丟炸彈。當時正值放學時間，我和幾個同學正在回家路上，只見眼前一片閃光，爆炸聲隆隆震耳，此起彼落，嚇得我們慌張逃命。每想起這一幕，至今仍心有餘悸。

儘管身處戰時，小孩總是有辦法找樂子。我的小學生活，過得也不遜色。記得校園裡有片菜圃，老師帶領我們種植地瓜、番茄等蔬果，收成後讓全校師生分享。自己的汗水換來的果實吃起來感到特別的香甜。在那個食物匱乏的時代，也備感珍貴。

那時師生關係很是緊密，老師上起課來教學認真，管教嚴格。但下了課會和學生打成一片。三年級時的級任是日本籍的奧平老師，他隻身來台，住在學校宿舍，對我們這些小蘿蔔頭相當疼愛，常常招待我們到他住處去玩。到了吃飯時間，還會捲起衣袖做菜，讓我們大快朵頤。老師做的日本家常菜，對我們這些孩子來說每道都是豐盛佳餚，吃來津津有味，很快就被一掃而空。

還記得有一次四年級時的級任假屋園老師，要在宿舍前庭種花，需要用些石頭來造出花圃。我們就各自從家裡搬來石頭，幫老師完成那片小花圃。那天師母也做了一桌好菜犒賞我們。

和老師同學積極互動交織，成為我小學時代的溫馨回憶。除此之外，還曾經歷了一個大事件。離竹南國小不遠處，有個地方叫「海口」，因位於中港溪出海口故得名。有一天傍晚，聽說有頭巨鯨被海浪沖上岸，已斷氣多時。這消息一傳十、十傳百，村裡的大大小小紛紛呼朋引伴跑去海口看熱鬧。未料還沒走到岸邊，遠遠就看到溪口上有艘渡船可能因為超載而失去平衡，說時遲那時快，渡船轉眼間就翻覆了。當場大人們連忙趕去救難，我們也在老師指示下揀來乾草樹枝生火，供落水的人取暖。這場翻船意外造成約五十個人不幸遇難。這讓人動魄驚心的「鯨魚慘案」，至今回想起來猶歷歷在目。

竹南國小側門旁，一家豬血湯店，我和同學們每當上午第四節下課，爭先恐後帶便當至該店買豬血湯，至今回味無窮。

在竹南國小的六年裡，和師長同學的積極互動交織成終身難忘的回憶。

一九九七年，竹南國小慶祝建校一百週年，我很榮幸受邀出席校慶典禮，受頒傑出校友獎，並代表致謝辭。這份殊榮，實教我感銘在心。

2. 初中時代

一九四五年九月十五日日本無條件投降，第二次世界大戰終於結束。國民政府來台後暫時延用日式教育制度，小學畢業後可報考兩年制的「高等科」（相當於初級中學）。所以我從竹南國小畢業後就考進高等科就讀，一年後轉報考剛創立的竹南初級中學。

初中時代，記憶最深刻的是有一次被推派在朝會時上台演講，講題是「竹南中學的展望」，雖已不記得當時所講的內容，但講完後獲得全場師生熱烈的掌聲。演講內容受到認同、肯定，為我建立了自信。

當時除了上學，沒有什麼娛樂活動，所以我把心思放在學業上。在學期間，理數是我的強項，畢業時總成績排名第三。當時新竹師範學校提供一個保送名額，校方詢問成績優秀者的意願，第一名辜寶欣同學，第二名呂金交同學，分別想報考新竹商業職業學校和新竹高中，於是名額輪到我頭上來了。我回家和父母兄姐商量，家人都贊成我接受保送新竹師範學校。那時正值在台北市漢口街第一外科執業的堂兄錫玉返鄉省親，聽到這事，建議我放棄保送，報考台北建國高級中學。從小在鄉下長大沒離開過家的我，心裡很猶豫，同樣是高中，我就報考新竹高中好了。但錫玉堂兄仍鼓勵我跟隨他到台北升學。在他極力勸說下，父母也被說服了。於是我也就下了決心北上報考建中，放棄保送，離鄉背井來到台北，身負父母兄姐和錫玉堂兄的期待，這次入學考真可說是背水之戰。幸好我全力衝刺，很幸運的榜上題名。進入建中就讀，為我在之後長達數十年的台北生涯揭開序幕。

3.高中時代

到了台北，剛開始寄住在位於承德路的姑母家，每天搭公車上學，車程約四十分鐘。姑母家食指眾多，為了不給他們增加太多麻煩，生活起居盡量自己打點。所以早上起床穿好衣服、整理書包後匆忙趕去上學，到學校時常常遲到。訓導（今學務）主任會在大門口擋住遲到的同學，等朝會結束後才能進校門。

有一天同學說：「方錫經，教務主任要你去教務處報到。」我當下心想：「糟了！大概是遲到次數太多被點名了……」，誠惶誠恐的到主任面前，沒想到主任開口說：「你上週數學抽考成績優異，高達八十七分，這是你的獎狀。」我才放下忐忑不安的心，領了獎狀回來，興奮極了。

姑母待我如己出，我自組家庭後，常帶孩子們去探望，她對我的孩子們也疼愛有加。每年農曆年初二，我都會請她「回娘家」，接她到我家來團聚。這樣親如母子般的感情，一直持續到她過世為止。

話說我住姑母家通學常遲到的事，被住漢口街的錫玉堂兄知道了，他就安排我搬到他家住，因為離學校很近，遲到的問題迎刃而解。我就在錫玉堂兄家一直住到上師大一年級，大二那年搬入學校宿舍，結束我的寄居生活。

我在台北能順利完成高中學業，要歸功於姑母和堂兄。他們的寬容和付出，讓我由衷感激，不敢或忘。他們不但照料我的生活起居，關心我的學業，並教導我為人處事。在成長期有他們相陪護持，對我的人格形成有很大的影響。我在成家後，斷斷續續讓外地來台北唸書的外甥、外甥女、姪子住在我家，代替兄姐守護他們。眼看他們一個個長大成人、各有發展，感到相當欣慰。

建中教師陣容堅強，我也遇到不少的好老師。因為當時想往理數方面發展的同學比較多，在學習上偏重理數，對作文及背書心存抗拒的不少。

高一的國文老師兼級任導師，時常要學生背文章。有一次，叫陳金萬、王慶中等人，背他指定的那一段。他們只背一二句就無法背下去了，因此被老師教訓一頓。他們心懷怒氣，在週記上寫道：「背書有何用？」老師在上課時，更苦口婆心地告誡我們說：「你們以為要讀理工學院，就不要背文章了嗎？將來會寫不出好論文的。背詩詞古文，不只可以接受文化藝術的薰陶，也能提升思想層次，寫出文章才會言之有物又言之有序，否則錯字連篇，邏輯錯亂，甚至於文不對題，豈不貽笑大方？」

高一的國文課，每二週有二堂作文。有一次老師出了一道作文題目：「春遊」。同學早先受的是日本教育，講國語已經有困難，要用中文作文更難上加難，因此多不知從何下筆。而同學謝君因在廣東出生，講一口流利的國語，能寫通順的文章，不到三十分鐘寫完作文，讓同學們稱羨不已。當他要交卷時，有同學陳金萬對他說：「謝××，作文借我抄！」謝君說：「哪有作文抄人家的？」那同學和我異口同聲說：「那你數理作業為什麼抄我們的？」謝君卻默然不語，離開教室打球去了。

一位女歷史老師，剛從台灣師範大學畢業到建中來教書，教學甚為認真，然而每次月考，全班及格者卻寥寥無幾，而且成績在五十分以下的大有人在。因此，全班被老師怒罵一頓，老師說：「你們不好好讀歷史，不懂歷代史實，不知列祖列宗的豐功偉業，連你們的祖先是誰也不知道，這樣數典忘祖可以嗎？」

有一位地理老師教學一級棒，他上課時不用帶教科書及地圖，手上只拿著一盒五顏六色的粉筆。一進教室，就在黑板上畫起地圖來，邊指地圖邊滔滔不絕地講解，內容豐富，生動有趣，毫無冷場。他的專業知識和教學的技巧、熱忱，讓我們感佩得五體投地。

有一次，數學老師發現全班數學作業錯誤的地方都一樣，老師百思不得其解。我在心裡面說：「因為那一題我做錯了，同學都抄我的，當然也就錯了，真是一盲導眾盲啊！」

歲月匆匆，鳳凰花又開了，我們要高中畢業了，那是一九五二年的夏天。驪歌將唱，離情依依。畢業前夕，全班同學都自備畢業紀念冊交互留言勉勵，互道珍重再見。茲摘記幾位同學的留言：

（1）邱文瑞（日文）：

「給與方錫經博士紀念，三年間，同班同學，一起學習，我們是好玩的一群。你是數學的天才，而我是數學的鈍才，我最討厭的課程是數學，可是我們卻很合得來，不覺很奇怪嗎？日本有一句俗語說：『恨和尚，也恨袈裟。』我不喜歡數學，連數學天才的你也恨在一起，哪有這道理呢？這一點請你放心吧！這句俗語對你與我是不適用的。我們的友誼很堅定，請放心！從今分別之後，任何時間請多指導，當你將來成為博士時，雇我在你的研究室清洗你研究所需的試管，我會洗得很乾淨，而不用付給我薪水。拜託！拜託！

邱文瑞筆　一九五二年七月」

（2）趙增暉：

「錫經學兄：你對數理的研究有很好的成績，希望你能把它發揚於未來的事業上。

弟趙增暉於建中」

（3）陳意南：

「錫經同學，你是本班的『數理博士』，希望你加倍努力，以達成願望。

弟意南敬塗於建中　民國四十一年五月廿五日」

（4）許天賜：

「方錫經數學仙畢業留念，三年的光陰，您一直以數學天才領導著我們，而有『數學仙方老師』的雅號。自從高一，我和你在一起，你影響著我，幫助我很多，我多麼幸福！幸好遇到了你，我的數學可以說也是你造就出來的，我願意跟你學更長的時間，然而光陰不許，只怨恨時光為什麼這麼快，打斷我們真誠的友誼，但我們也不要難過，前途茫茫，也許我們還有機會互相扶助。最後希望你繼續經營你的事業，祝你成功。

學友許天賜筆」

（5）林敏生（日文）：

「方錫經賢兄，離別的日子已近，過去三年間，在數學方面受你的指導，不得不稱你『老師』。考期已近，好玩的我不得不到你姑母家麻煩你，你不管多忙，如同親兄弟教我，我將來會報答你的恩情。拿到你的畢業紀念冊，悲傷之餘，震動的手不能寫字。回想這三年，你的學業成績是全班之首，尤其是數學方面，令弟驚嘆，無法形容。你的有禮貌也是班上第一，大家所稱讚。像你這樣紳士的男孩子，將來嫁給你的女孩子是多麼幸福啊！不可料想的將來，你將是工業博士，而我是三輪車夫，以你聰明的頭腦，萬事將圓滿解決。我祝福你！

林敏生」

（6）謝孟雄：

「方錫經同學留念！有志竟成，鵬程萬里。

弟謝孟雄敬」

（7）吳欽敬（日文）：

「錫經君！見到畢業紀念冊時，我的眼淚就流下來。在竹南匆匆離別，又在建中相會，高興的心情真是無法形容。想起初中時代，你坐在我後面，你是全班唯一用功的學生，一到考試，我常常借你的筆記。考試時以無線電打『派司』。彭展宏坐在你旁邊，不知何故，他對你宣告絕交，我當中間人（middle-man）。他以誠心期待恢復平靜。有一次你的故鄉山佳廟會，我和他到你家吃拜拜，你們因此和好如初。之後我去南部，三年間沒有信息。有一天，突然在報紙上看到你榮獲建中優秀學生獎狀，我在台中的上空祝賀你。現在我們將要離別了，十分難捨，期望將在台大再相聚。」

（8）楊炎庭：

「錫經學兄！提起了你，便使我想起『那年冬天……』的句子，雖然不知其中的涵義，可是我始終喜歡唸它。當你翻起這一頁，我不會忘記以『那年冬天』來稱呼你，而你一點也不惱怒。敬祝前途遠大！

弟楊炎庭於建中　一九五二・五・九」

(9)黃士逸(日文):

「人生六十年如夢幻,但是人間到處有青山,活得很愉快。

全級不用功的逸 四十一・五・十三」

(10)何智典(日文):

「給錫經君一言:為人類而生,為人類而死……共勉之。

何智典於建中」

(11)洪燕謀:

「錫經兄:世界上沒有完全無缺點的人,要緊的是不斷地克服弱點。

弟洪燕謀 五・二十一」

（12）劉繼周（日文）：

「錫經學兄留念！為我著想之故，我則存在。

弟劉繼周記　一九五二・五・廿」

（13）路學舒：

「錫經學友：書到用時方恨少，事非經過不知難。共勉之。

學弟路學舒於台北建中　四十一・五・二十四」

（14）李鵬飛：

「錫經同學：拿翁（按即拿破崙）的字典中是沒有『難』字的，願共勉之。

留於台灣建中　四十一・五・十二」

（15）蕭敏寬：

「錫經兄：美人薄命，才子短命，而你卻是長命相喔！具有數理頭腦的你，結婚時別忘記邀請我參加結婚式。

寬」

（16）許英俊（中文）：

「方錫經同學留念！我們自從高中入學至今日已三年了，回想過去，你是班上的大數學家，而我恰恰和你相反。在高一時我們並肩而坐，我常常受到你的指導，無論是什麼時候，我一問你，你都很客氣地給我說明，因此得到了不少的利益。在此離別之際，向你道謝。如此無情的光陰，一刻一刻逼迫我們分別，但一想到和你這位數學家分別，感到無限的失望，為什麼呢？因為分別後不能和你一起用功，沒有你的指導。但是分別是必然的，我們是有為的青年，前途是光明的，因此分別後我們必須各自努力，以期成功。古人說：『Time and tide wait for no men.』這句話說得很對，希望你好好地利用它。最後，我希望我們分別後再有相見的機會，更希望我們苦苦得到的友誼，好好地保存，千萬不要讓它輕易地失去。祝你一切成功。

一九五二・五・二十一　早六時　許英俊敬上」

（17）王九華：

「你有著精細的數理頭腦和好學不倦的精神，願你以那萬能的雙手，創造出光明的前程、幸福的一生。

給錫經，弟王九華　四十・五・二十四」

(18）李錫元：

「給方錫經博士同學！『人生在世，如不留名於後世，還是不生在世上為妙』——拿破崙語——希望你十年後在中國理數上是權威。

給錫經學兄，錫元於建中　一九五二・五・二十九」

(19）高亞明：

「給方錫經同學留念，萬般都是命，半點不由人！這一生過快樂的生活吧！知足者富也。祝你前途光明。」

（20）陳定宏（日文）：

「方錫經兄！『天才是百分之一，而百分之九十九是汗水。』堅持最後五分鐘必勝的信念而努力，以那樣努力用功的你，最高學府在等老兄。

弟陳定宏」

（21）吳榮滿（日文）：

「給方錫經摯友留離別的幾句：艱辛的三年，如同箭離弦飛到很遠的地方。啊！別離的時間將來到，迫壓胸懷，流出悲傷的眼淚。名言說：『以心與慾望浮上頭腦』，願你諒解，不知什麼緣分與你同鄉同校同班級，經過這三年，甚感光榮，何故？你是數理學的天才呀！而且我常借你的筆記，托你的福三年，數學才未受到老師的指責。想起『那年冬天』你被班上放送局長播送的事，記憶猶新，懷念不忘。在不久的將來，榮獲理學博士時，請勿忘記我。最後祝摯友有豔遇。
愚友吳榮滿塗」

在建中我也結交了許多好友，其中幾位交情特別好，可說是換帖至交，學生時代相互切磋勉勵，就業後也始終保持聯繫。這些同學後來雖分別在法律界、醫界、學術界等不同行業各自奮鬥發展，但仍一如往昔，彼此相知相惜，互相扶持提攜。歷經一甲子以上的歲月的考驗，堅固的情誼沒有絲毫的改變。我何其有幸，人生有這些好夥伴相陪相助。

4. 大學時代

當我面臨選擇大學時，開始認真考慮人生方向。因為熱愛物理，大學打算專攻物理學，另一方面，為將來著想，也得顧及生計問題。經過一番思考，也和師長商量，決定報考台灣師大理化系物理組。如此一來不僅無須負擔學費，將來從事教職，生活應該不成問題。

既鎖定目標，我就盡全力準備大學聯考。皇天不負苦心人，很幸運的如願考上台灣師範大學理化系物理組。民國四十年代台灣經濟尚未轉型，社會風氣也很保守，大學生活不像現在這麼多彩多姿。我當時每天只往返於學校和宿舍之間，把讀書當作唯一要務，課餘時兼兩個家教賺取生活費。大一時物理、化學兩組一起上共同學科。學期一開始要選班代表和副代表，我發揮初生之犢不畏虎的精神，出來競選，結果候選人只有我和另外一位叫林瓊的女同學。後來經全體同學協商，決定由林瓊擔任班代表，由我擔任副代表。拜當副代表之賜，讓我和班上同學有較多交流互動的機會，自然很快和同學熟識。

畢業後因為同在教育界服務，彼此聯繫頻繁，也常舉辦同學會。後來有不少同學赴美定居，有人提議，何不移師美國舉辦同學會？這個點子馬上獲得大家贊同，經商討後決定今後在台、美交互舉辦。

台灣同學舉辦時，曾到台中、高雄、墾丁、台東、花蓮、澎湖舉辦。在美國舉辦時，台灣組團前往。從統計人數、接洽旅行社、大大小小的聯絡事項都有同學熱心分頭進行，美國方面的同學則精心設計行程。曾赴舊金山、洛杉磯、紐約、華盛頓，有一次在紐澤西，北上加拿大，觀賞尼加拉大瀑布。回程至波士頓，受林瓊招待龍蝦大餐。另一次在夏威夷本島歐胡島，搭遊輪遊夏威夷各小島。

因為我們都攜眷參加，一群人浩浩蕩蕩，一坐下來就有聊不完的話題，從過往到現在，從工作到家庭，尤其是憶起學生時代的陳年往事，大夥兒就會興奮得眉飛色舞，比手畫腳，彷彿回到當年大學時代，把為人師表的尊嚴暫時拋開，盡情盡性的玩鬧。

四、在台北市立大同高中服務

八十五分以上前三名名單，前二名都是大同高中甲班同學，是我教的學生，我與有榮焉。

台灣師大畢業後，依規定須回戶籍地服務一年，我本應回苗栗縣教書，但成績優秀者則能選擇服務地點。經過一番考慮，我決定留在台北市任教。因緣際會，進入台北市立大同高級中學擔任物理教師，教高三物理課程。

有一年，台北市教育局舉辦高中物理競試，教育局推薦出題老師，我被聘為命題老師，在中山堂附近新生大樓三樓入闈二天一夜出題。那一天教育局相關人員，對出題相關事項做說明。

競試後，教育局另請不同學校的物理老師批改考卷，約一週後發表全市成績前三名，第一名大同高中，第二名成淵高中，第三名金華女子高中，並發表八十五分以上前三名名單，前二名都是大同高中甲班同學，是我教的學生，我與有榮焉。

五、服兵役

這充實的軍中歲月不但讓我身心受到鍛鍊，也和同袍培養了深厚的情誼。

在台北市立大同高中任教一年後進入軍中服役。我被派到嘉義縣水上鄉中庄村服役，職屬陸軍預備軍官。當時住宿的軍營，分上下鋪，我睡下鋪，和睡上鋪的林傳勳話很投機，很快就熟了起來。那時每天早上起床的第一件事就是把棉被疊成像豆腐乾一樣方方正正的，不容馬虎。傳勳兄配給到的棉被大概太舊，棉絮糾結成團，很難疊得工整，每天早上都得和棉被格鬥許久，常因沒通過檢查而被點名。他為人敦厚，默默忍耐。我在一旁實在看不過去，陪他去向長官陳情。幸好遇到一位很體恤部下的長官，馬上替他換了一床新棉被。

軍中紀律雖嚴格，但我被分派的工作多屬文書方面，操練並不多。每逢放假，常和軍中弟兄們呼朋引伴到附近走走，也吃遍了嘉義小吃美食，兩年兵役一轉眼就過了。回想起來，這充實的軍中歲月不但讓我身心受到鍛鍊，也和同袍培養了深厚的情誼。種種歷練，對我的人生有莫大的助益。

退伍後，回到台北市立大同中學繼續任教。在該校任教，是我為人師表的第一個階段，不論是在教學技巧的琢磨上或是與學生相處態度、溝通方式上，都獲得寶貴的實務經驗。

六、成家立業

約了幾次會，看電影、吃飯、增進對彼此的瞭解，
自然而然論及婚嫁。

1. 有緣千里來相會

服完兵役，也謀得安定的職業，自然也意識到成家問題。說來很巧，有一天在路上遇到軍中好友傳勳兄，互道近況後得知他已結婚。他很熱情的邀請我有空去他家吃飯。沒過多久，我抽空去拜訪，受到他們夫妻盛情招待。那時傳勳兄讓我看了一張嫂夫人的妹妹的照片，並熱心說要介紹我們相識。我心想，既然是姐妹，一定和嫂夫人一樣秀外慧中，於是心裡充滿了期待。

過了沒多久，傳勳兄果然替我安排與他的小姨子吳素淑小姐見面的機會。第一次見面是在台中一家咖啡館，她端莊文靜不多話，一直面帶微笑，很有親和力，讓我留下很好的印象。之後我們又約了幾次會，看電影、吃飯、增進對彼此的瞭解，自然而然論及婚嫁。半年後（即一九六二年五月十二日）就在台北舉行婚禮宴請親友。就這樣傳勳兄和我由軍中同袍變成連襟，親上加親。我能順利娶到終身伴侶，可說全要歸功二姐和二姐夫了。

內人素淑也生長在一個大家庭，家中有七個兄弟姐妹，她排行老四。父親吳東垣，一九〇六年生，年輕時赴日本東京醫科大學學醫，學成返鄉後於南投縣名間鄉開業。對子女管教嚴格，雖看起來很有威嚴，但對待患者卻非常親切，不但對於生活窮困的病人免費看診，半夜有患者來敲門求助，也會馬上應對。他一生懸壺濟世，將時間精力完全奉獻給鄉親，所以受到大家的敬重，提到吳醫師，沒有不豎起大姆指稱讚的。母親簡月嬌，一九一二年生，是很傳統的女性，彰化女子高級中學畢業，在家相夫教子，還要幫忙打點診所裡裡外外的事務。內人繼承了母親的溫馴個性，責任感強，做事細心。婚前她在父親診所擔任配藥護理工作，婚後我忙於教學和行政事務，家裡大小事和教養三個孩子的重擔都由她一肩挑起，讓我完全沒有後顧之憂，能將心力完全投注在工作上。

2.家庭生活

結婚前我已經到台北醫學院（現台北醫學大學）任教，並在台中中山醫學院（現中山醫學大學）、中台醫專（現中台科技大學）、中國行政專校（現中國科技大學）兼課，後來又身兼北醫行政工作，非常忙碌，還因上課用嗓過多而聲音沙啞。內人看我早出晚歸、工作勞苦，擔心我身體吃不消，每天回家都會端來一杯人參茶，替我補充體力。不管她再怎麼忙累，從沒忘記準備，數十年如一日。

婚後三個孩子接連來報到，家裡熱鬧非凡，加上住附近內人的表兄弟姐妹也常常玩在一起，不分彼此一起帶孩子。生活雖然忙得不可開交，但也充滿樂趣。

當時我晚上還在台北醫學院夜間部兼課，只有假日才能有較長的時間和孩子們相處，常利用星期天帶他們出去玩，走遍台北近郊，放長假就回竹南或名間老家探望父母和岳父岳母。

為了把握和他們相處的時間，小孩子分別讀高中、國中、小學時，我每天開車送他們上學，先在建中讓老大下車，再送老二到新興國中，最後把老三送到中山國小後，再開車到位於吳興街的北醫上班。雖得一大早起床、還得繞過半個台北市，但利用在車上的時間和他們聊聊，多少能掌握一些學業、交友情況。

那個時代社會風氣保守，一般人都很樸實，相對的給孩子們物質上的享受不如現在。尤其那時既沒手機也沒線上遊戲，坊間販賣的玩具也不像現在這麼多樣化。記得他們就會把客廳當棒球場，用報紙揉成球，拿紙筒當球棒，還自訂規則，安打、盜壘、封殺樣樣都來，百玩不厭且樂在其中。雖然很少買玩具給他們，但為了培養他們看書的興趣，常常帶他們逛書店。那時位於信義路上的國際學舍，每年暑假都舉辦大型書展。孩子們一放暑假就趕緊把暑假作業寫完，然後天天來問我什麼時候可以帶他們去看書展。所以帶孩子們去國際學舍看書展可說是我暑假期間最大的任務。進入會場後三個孩子會各自去挑自己想看的書，抱一大疊來找我買單。

在教育孩子方面，我對孩子們的要求是品性重於學業。大體來說他們還算聽話，求學過程也平平順順。完成學業後各自成家，我們成了擁十二個成員的大家庭。大家都能在自己的崗位上守本分，充實自我，追求進步，並且對父母噓寒問暖，讓我們感到很欣慰。

3. 家族簡介

妻　吳素淑

省立南投高級中學畢業

曾於內科診所擔任調劑、護理工作

精於烹飪、針織

長子　方嘉郎

台北醫學院醫學系畢業

台大醫學院病理研究所碩士班畢業

台大醫院病理科住院醫師、總醫師

現任台北醫學大學病理學科副教授兼主任

現任台北醫學大學附設醫院病理科主治醫師兼主任

長媳　陳挹凡

台大中國文學系畢業

地政士國考及格、曾開設代書事務所

長孫　方昱人

現就讀台北醫學大學保健營養學系

長女　方嘉琳

清華大學中國語文學系畢業

曾任職國立編譯館，擔任國中、小教科書編審工作

女婿　郭宗德

日本東京大學醫學博士　專攻心臟內科

現任東京PHOENIX MEDICAL CLINIC主治醫師兼副院長

外孫　郭德倫

現就讀日本順天堂大學醫學系

次子　方嘉佑

高雄醫學院藥學系藥學研究所碩士班、博士班畢業

嘉南藥理大學專任副教授

台北醫學院專任教授

長庚大學專任教授兼天然藥物研究所所長

長庚科技大學民生學院院長

現任長庚大學天然藥物研究所專任教授

二媳　江宜娟

實踐大學食品營養與保健學系畢業

曾任高雄市立婦幼醫院護理師

孫女　方伊廷

畢業於中國文化大學社會福利學系

孫女　方宇晨

現就讀開南大學空運管理學系

4. 休閒嗜好

進大學以前，環境使然，沒能把時間花在休閒嗜好上。進入大學之後，利用空閒時間看電影、聽音樂，也跟同學去參加舞會，學了當時正流行的華爾滋、探戈等舞步。

婚後工作忙碌，除了帶孩子出去玩以外，就是在家欣賞音樂。妻舅常赴日本出差，每次都會買些新出版的黑膠唱片回來，借給我轉錄。記得常聽Connie Francis、Frank Sakai等擅長低音歌手的唱片。後來到日本長崎留學，對日本歌曲也略知一二。那時正流行前川清的〈長崎は今日も雨だった〉（長崎今天依然在下雨），聽多了自然就琅琅上口了。回台灣後，每回想起日本生活的種種，就會不由自主的哼起這首歌來。每次參加學生或教職員聚會的餘興節目被點名表演時，我總毫不猶豫的唱這首歌獻醜。

除此之外，我也愛好旅行。除了因公務有機會至世界各國參觀教學研究機構外，也常和內人與友人同遊國內外。時而帶著兒孫，一行人浩浩蕩蕩的出遊，家族旅行總是感到特別溫馨。又因女兒定居日本，偶爾會去東京小住。女兒女婿總是利用假日陪我們到處玩。輕井澤避暑，箱根、熱海洗溫泉，北海道知床之旅等。四季分明的日本，不管什麼季節造訪，都有美景可賞，又可大啖當季美食，也難怪成為國人出國旅遊的最佳選擇之地。

至於運動方面，孩子還小時，常和朋友一起帶家人去打保齡球。進入中年後為了健身，假日常去爬山健行。最常去住處附近的象山、國父紀念館、大安森林公園等地。不但身心獲得舒展，還能鍛鍊腳力。拜這運動之賜，至今活動力還算差強人意。

退休後賦閒在家，生活腳步放慢下來，除了聽聽音樂，還喜歡看棒球賽轉播。一到球季，不管是台灣或日本職棒，只要有轉播，總守在電視前，專注到忘我的境界。天氣好時也會約好友到大安森林公園散步敘舊，或到附近親友家聊天，日子過得很隨興。

七、教學與學校行政生涯

教育是百年事業，從身為教師那一刻起，不曾一日或忘肩負教育學子的重任。

1. 在台北醫學大學服務

一九六三年三月，我受台北醫學院（現台北醫學大學）徐千田院長聘為助教，在編制上屬教務處共同學科，擔任普通物理助教。三年後晉升為講師。

那時北醫正在籌設附設醫院，徐千田院長鑑於台灣的教學醫院尚未發展核子醫學，所以提議讓我利用在職進修獎助制度，到日本國立長崎大學醫學部研究核子醫學。徐院長推薦我給時任日本國立長崎大學醫學部附設醫院院長。他與徐院長都是國際聞名的婦產科學者專家，尤其是子宮頸癌手術的高手，兩人常出席國際學術研究會議。再由長崎大學附設醫院院長，介紹給醫學部核子醫學研究所岡島俊三所長，又經層層資格審查，終於核准我進入該校核子醫學研究所攻讀。我於一九六八年九月抵達長崎大學開始研究。一九七〇年晉升為副教授。一九七一年三月一日，我經博士學位考試及格，榮獲醫學博士學位。取得博士學位後，我立即返回台北醫學院繼續任教，除教授醫學物理之外，也教授核子醫學，一九七四年升等為教授。

一九七六年我兼總務主任（現稱總務長）。時負總務重任，有一天，會計主任告知學院下個月已發不出薪水了。我向胡水旺董事長報告，胡董事長要我向學校生理學科張鎮主任借貸而被拒，胡董事長只好向銀行無息貸款，才順利解決了困境。

一九七八年七月，董事會聘請時任實踐家政專科學校校長謝孟雄博士繼任台北醫學院院長，我轉兼教務主任（現稱教務長）；一九八三年十月，謝孟雄院長任期屆滿離職，新院長董大成博士到任，我改兼訓導長（現稱學務長）。在新任院長未到任期間，我並受董事會之命兼代院長職務，直到新院長到任。

在兼代院長職務期間及此後，台北醫學院發生幾件不幸事件，真是多事之秋。其一：學生會會長帶領幹部前往宜蘭春遊，一位幹部不慎落水，會長跳水營救，卻二人雙雙溺斃。其二：有一醫學系七年級女僑生，在林口長庚醫院實習，不慎墜樓身亡，我代表學院前往了解實情並慰問學生家屬。其三：醫學系六年級學生在馬偕醫院任實習醫生，突罹患猛爆性肝炎而亡。其四：夜間部藥學系一林姓畢業生，後來成為台灣首富郭台銘董事長夫人，在台大醫院治療乳癌，不幸往生。其五：嚴重性呼吸道症候群（SARS）疫情嚴峻之際，和平醫院被指定為隔離治療醫院。一位北醫醫學系畢業的女醫師是該醫院的第一年住院醫師（R1），負責治療SARS病患。她的男友於國泰醫院實習，前來協助她，而不慎被患者飛沫感染，翌日在國泰醫院身亡。至今想起這些不幸事件，依然不勝唏噓，感到十分遺憾惋惜。

2. 北醫新任院長難產經緯

謝孟雄院長任期屆滿後離職，董事會組成院長遴選委員會，進行遴選新院長。因董事會分成H派和C派，H派董事推薦時任台大醫學院教授兼附設醫院外科主任H教授，而C派卻推薦時任台大醫學院生化學科主任D教授，雙方僵持著。因D教授資格有問題，未獲教育部同意，徐千田董事長改推薦我，繼任新院長。有一天晚上約十一點多，胡創辦人來電，要我到他家一趟。一見面他就問說：「方主任！最近徐院長和你說什麼？」我立即回答：「沒有啊！」他又說：「這樣，在董事會新院長遴選委員會，徐院長推薦你繼任。」我回答說：「喔！謝謝。」他又說：「董事會最近正在找新校地，做為北醫分校，到時候請你出掌分校校長。」我回答說：「不敢當。」

H派雖然推薦H教授繼任院長，因H教授未具大學校長的資格而被教育部駁回。當時大學校長須具備六年以上教授經歷且具三年以上大學行政一級主管資歷，H教授雖有六年以上教授經歷，也曾任台大醫院外科主任，而外科主任僅是二級主管而已，故教育部未予同意。董事會院長遴選委員會又推薦台大醫學院教授兼生化學科主任D教授。D教授雖然具六年以上教授經歷，卻也未具三年以上一級主管資歷（生化學科主任僅是二級主管），教育部又不予同意。時新學年度開學在即，於是經由董事會與D教授同意，依董事長和D教授所擬的人事名單發布人事命令，由我暫時代理院長，三處主管教務主任為陳增福教授，我仍兼訓導長，而總務主任為陳國棟教授。一九八三年十月十三日D教授才正式出任院長。

北醫創立於一九六〇年，我在創校第三年踏入北醫大門，展開了長達三十多年的北醫生涯。自一九七六年起開始兼任行政工作，由總務主任、教務主任、訓導長到代理院長。在教職和校務兩方面付出全力，相對的北醫也讓我在各方面得到淬鍊。凡事精益求精，不敢懈怠。教育是百年事業，從身為教師那一刻起，不曾一日或忘肩負教育學子的重任。

回想起北醫的草創期，調度資金、延攬師資各方面真可說是充滿艱辛。為了讓營運上軌道，全體教職員秉持著為國家培養優秀的醫學人才的理想，胼手胝足，奮鬥不懈，克服無以計數的困難，一步步向前邁進。經過數十年歲月，眼看學校由小樹漸漸茁壯。如今台北醫學大學已成了一棵枝葉茂盛能供人蔽蔭的大樹了，造就數萬醫療精英。而附設醫院也擁有最尖端的設備，為病患提供優質的治療環境和服務。能目睹北醫成長，開花結果，回饋社會的過程，感到無比欣慰。

一九九〇年六月，台北醫學院欣逢創校三十週年院慶，我在《三十週年院慶特刊》上，以教授兼訓導長的立場，以「一草一木皆有情」為題發表感言，表達我對北醫的熱愛與感恩之情。茲轉載如下：

〈一草一木皆有情〉

（一）一草一木皆有情

本學院創校已屆卅年，我在校的歲月幾乎和北醫的歷史一樣長，已過了將近廿九年頭，歷經助教，以至於教授兼行政職，從總務、教務、訓導各處主管以及代理院長等，在付出了一番心血之後，對北醫的一草一木也有了濃厚的感情，也目睹了北醫一切的滄桑與光耀。

首先，談到本學院在一些熱心醫藥學教育的人士籌劃創立之初，雖然較晚於高醫及中國醫藥學院，但卻如同「初生之犢不畏虎」，來勢洶洶，學生素質一直就不讓於其他的醫學院，各方面的表現也很傑出，在當時的大專院校中就頗有名望，並且教職員工的待遇也相當優厚。

卅年來慘澹經營，作育人才至今已培養出一萬二千多名優秀的傑出校友。但自從私立學校法頒布實施之後，財力的來源問題，對私校就是一種考驗，私立醫學院更為特殊，尤其是我們北醫，總有財力薄弱的感覺，其間的因素很多，今不是三言兩語就能明白的。不過學院、附設醫院仍然在進步成長中。最近幾年來，研究所以及新學系的先後成立，附設醫院設備的添購、更新，在在顯示我們是有潛力的。只要我們能更確立一個努力發展方向、目標，然後全體同心協力在主管當局的領導下，尤其是董事會的全力支持，將來的遠景是可觀的。其實，不管怎樣，即使是貧窮人家的孩子，更應努力上進，將來的成就更是驚人的。有人說，這是北醫多年來難能可貴、值得驕傲的地方。

（二）投注關懷，任何問題可迎刃而解

學校是一個教育機構，是一個學習的場所，學生來學校的主要目的是要充實知識與學習做人處事的道理，尤其學生在進入大學以後，畢竟還是年紀較輕、經驗較少，處事能力較薄，對事物較無法深入了解，因此老師就必須擔負起指導同學的責任，達到傳道、授業、解惑的目標。

我們常講校園倫理，其實就是以道德作為依據，也就是我們古時候所講究的尊師重道，但近些年來，我國受西方文化的侵入，在這方面也較為式微，但我還是要提出呼籲，即無論古今，我們都應以家庭情況來看師生關係，要做到老師愛護學生如同自己的子女；學生尊重老師猶如自己的父兄，畢竟父母是生育、養育同學，但老師卻擔負主要的教育工作，而我們中國有一句古諺，一日為師終生為父，就是這個道理。

一般學生在學校會有兩方面的困惑、困難，即是學業上及生活上的困難，對於這二方面，學校應給予學生關心、關照，並讓他有傾訴的機會。因此，學校十分重視導師制度，每星期闢有一小時的導師時間，讓學生表達意見。學生是學校的成員，有權利表達他們的意見，或許他們的看法不是很成熟，但動機卻是好的，是基於愛護學校的立場，絕對不可以否定他們。因此，無論學生提出什麼問題，學校都應該給予學生答覆，這才是真正做到雙向溝通，而不能只是學生提出意見，學校卻毫無回應的溝而不通，也唯有如此，才能清除學校與學生間的代溝，且凝聚學生對學校的向心力。

另外，我們也透過自治幹部座談會與同學進行溝通，這包括班級及社團的自治幹部，今由院長、三長、系主任，一、二級主管到場，根據同學提出問題的性質，責成各單位答覆同學們。這起碼提供一個管道給學生們發言的機會，同時，我們全體教職員都有一個觀念，即學校成員當然要關心學校，學校也有義務讓他們了解學校，因此也強調要讓學生了解學校的校務計畫及推展情況。

我想在這開明的做法下，學生能有管道表達意見，充分了解學校，自然不會再要求言論自由了，畢竟言論自由大門一直為同學而開。也就是學校能有這種開通做法，學生也能充分配合，所以學校雖然在空間上不是很大，硬體設備不足的情況下，學校還能在各項校際開的文康、體育活動上表現優異，這不是充分說明？至於綜合性刊物大多是社團的刊物，還責由課外活動組辦理審查，這其中還是會聘請各學科上的專門老師，對學生文章進行指導，至於課外活動組的任務，主要是對學生在寫文章時的用字遣辭加以審核，希望不要有太激烈的字眼，如此而已，如果說訓導處干涉學生寫作自由，那實在是無稽之談。

（三）同學對學校的向心力

在我們學校學生刊物的種類亦十分的多，不過大體由性質上分有綜合性刊物及學術性刊物。學術性刊物主要是由六個學系出版的，這類刊物的審查工作是交由各系系主任處理，因為這是專業性的刊物，系主任有責任查閱同學的文章是否有錯誤的理論。

在我擔任這些年的訓導工作中，我深深覺得今日的社會與校園在相互影響中，校園是有很大的變遷，但無論學生發生什麼問題，最重要的就是老師要對學生投注關懷，絕對不可以不聞不問，這樣訓導工作上任何問題都會消弭於無形。

3.在實踐大學服務

一九九三年二月一日，實踐設計管理學院（現實踐大學）謝孟雄院長膺任第二屆監察委員，因而辭卸院長職務。董事會乃聘請我接任。但是礙於台北醫學院的制度規定，我曾經以學術研究獎助金，赴日本長崎大學專攻核子醫學博士學位二年，學成返校後，有繼續服務的義務，於是加以婉謝。經協調好幾次，實踐學院的謝東閔創辦人與台北醫學院胡水旺創辦人兩大老進行協商後，才答應我到實踐學院去接任院長。

我於一九九三年三月十六日正式接任實踐設計管理學院院長。離開北醫的前夕（即三月十四日），北醫胡俊弘院長為我舉辦惜別音樂晚會。晚會中先請胡水旺創辦人致詞，再由胡俊弘院長致詞，後由我致謝詞，而後由北醫綠杏合唱團演唱助興，場面溫馨感人，我過了一個終身難忘的夜晚。

實踐設計管理學院於一九九三年三月十五日舉行新卸任院長交接典禮，貴賓雲集，有謝東閔創辦人、謝孟雄院長、林澄枝前校長、台北醫學院謝獻臣前董事長、台北醫學院附設醫院王子哲副院長、婦產科陳庵君主任、牙科林哲堂主任、藥學系陳朝洋主任、物理學科蔡文鋒講師、陳世明講師、實踐設計管理學院教職員工、學生代表、實踐校友會會長等，相當熱烈。

我在致詞時，號召實踐家政專科時代畢業校友返母校補修學分，成績及格即授與學士學位。

典禮後我接篆視事，先了解歷任董事長校院長所奠定的良好基礎、治校理念，以期加以發揚光大。了解學校概況後，確立校務行政方向，應興應革事務，依輕重緩急，按部就班，全力以赴，加速完成。為力求安定發展，各級主管暫不變動，先了解實情後再行安排調整。

校務行政千頭萬緒，僅舉犖犖大者記述如下：

（1）調升教職員工待遇

我仔細查閱八十三學年度教職員工薪水一覽表，發現待遇偏低，教授級底薪只有五百五十元，而依他們的年資，應該是年功俸七百七十元。我在北醫領的就是七百七十。於是請主任祕書、教務主任、人事室主任、會計室主任、夜間部主任到校長室，問個究竟。大家異口同聲說：「我們每年職級沒有晉升。」於是成立薪水研擬調升小組，請主任祕書為小組召集人，成員有人事室主任、會計室主任、教務主任、訓導主任、系主任及職員代表等人，取教育部所定大專校院教職員薪資表及台北醫學院教職員薪資表為參考資料，研擬出一薪資調整表，提報董事會審核。郭國銓董事長及諸位董事初步同意，要我提出薪水調整前後的總體差額，再提報下次董事會議審核決定。經概算結果，調整後每月約需增加四百二十餘萬元，經董事會同意後，於一九九四年八月一日起調整，教職員工士氣大為提振。

（2）開發建設高雄校區與改名大學

一九九四年八月初，董事會交付開發高雄校區與改名大學二大艱鉅的任務。改名大學與開發高雄校區兩者是相輔相成的，真是困難重重。教育部規定學院要改名大學，必須具備諸多條件，諸如校地及校舍面積、師資陣容等等。校地面積須達十五公頃以上，校舍面積須達二十萬坪以上。

本校大直校地面積只有五公頃，校舍面積只有七萬坪，尚有很大的差距。

教育部邀世新、實踐、銘傳、新竹工學院等四所獨立學院的院長，到教育部召開改名大學討論會議，其後協調會議舉行多次。世新先通過改名大學，其餘三所學院尚未合規定，教育部給予駁回。之後的審查會議，由教育部楊朝祥次長主持（時吳京部長出國）。

每所學院報告十五分鐘，報告後由審查委員提出問題。因會議時間拖延，楊次長要我報告十分鐘，留五分鐘給委員提問。當天我帶人事主任、主任祕書、總務主任等與會。我依楊次長的交代，先請總務主任以Power Point報告。等四個學院報告後，首先由中國文化大學建築學系主任提問，他問：「實踐學院校地及校舍面積都不合乎教育部的規定，怎麼能改名大學？」我立即回答說：「本校目前校地校舍面積確實不夠，不過我們在高雄校區有校地五十四公頃，校舍正在興建中。」中國文化大學教授就說：「請拿出有關證明文件到教育部審核再說。」另一位審查委員是輔仁大學的李副校長，他提問：「方校長，校地校舍面積等符合教育部規定後，可否等下次提出相關證明文件再審查。」最後一次改名大學審查會議，因吳京部長出國，還是由楊朝祥次長主持。當時洪冬桂立法委員，是我任台北醫學院教務主任時的課務主任，十分關心本校改名大學的案子，獲知改名大學審查會議的時間。審查會議結束後，我回到學校，一直等到下午五點多，尚未有審查結果的消息，我就下班回家。在回家途中，突接到楊朝祥次長來電告訴我說：「恭喜你了，實踐學院改名大學成功。」我回答說：「謝謝楊次長，這都是次長的指導。」回家後，林澄枝前校長及洪冬桂立法委員先後來電告稱改名大學成功的消息，全體師生都歡欣鼓舞。實踐學院終於一九九七年八月一日起正式改名為實踐大學。

至於高雄校區的開發也十分艱辛。首先說明設置高雄校區的緣起。本校是由專科升格改制為學院的，原有校地本不大。依教育部規定，大學校地須有十五公頃以上，而台北大直校區僅有五公頃，新店文山校區雖有三十餘公頃，但被列入水源保安保護區，未能開發使用。適有高雄縣內門鄉地方仕紳，熱心教育，極為關切本校的發展，建請購置該鄉腳帛寮段土地近五十公頃，作為第二校區。高雄校區距高雄市約四十公里，車程一小時；距台南市約三十公里，車程四十分鐘。且內門鄉已規劃該地區為鄉村休憩遊樂區，為台3號公路、台南旗山182號公路，旗楠公路的交會點，交通便利；就自然景觀而言，可仰觀將軍山、馬頭山、旗尾山、月光山、雲峰翠谷，景色宜人；就人文景觀而言，內門鄉是前清時代高屏地區文化發祥地，文風鼎盛，有萃文書院，即今之孔廟，又有紫竹寺，已具三百多年歷史，實為設校興學的理想地區，因此本校選定為第二校區。

為因應改名大學的需要，進行積極開發。校區面積約五十四公頃，先開發十五公頃。整地須經高雄縣政府（那時縣市未合併）的環境評估，經過幾次的環境評估後，高雄縣政府卻遲遲不予核准，直到一九九二年六月才核發環境評估與校地開發的證明書，於是請建築師、建設公司進行設計營造。營造商是我任北醫教務主任時教過的學生的胞弟，默契良好，工程進行十分順利，一九九五年八月高雄校區開發完成，先奉核設技術學院二年制國際貿易技術系、財務金融技術系、會計技術系，並設二專畢業生在職進修班生活應用科學系、會計學系、財務金融學系。其後校舍陸續增建，陸續增設大學部各學系。截至一九九七年止，建築物共計十三棟，總樓地板面積五萬五千七百六十五平方公尺，其中行政教學大樓六棟、學生活動中心二棟、宿舍四棟及防空避難室一棟。此後校舍仍然陸續興建，學系與師生陸續增加。因為高雄校區的開發完成，學校才順利通過改名大學。

一九九九年七月三十一日，我六年的校長任期屆滿卸任，恰適謝孟雄六年的監察委員任期也屆滿，於是返回實踐大學接掌校務，我轉任實踐大學專任講座教授，講授「環境污染與健康」、「電磁波對健康的影響」、「生物科技與健康」。數年後辭去講座教授，而仍任董事會董事，以迄於今。

我任實踐大學校長期間，請劉昭仁教授任主任祕書。劉教授在他的《螢雪齋主人七十自述》書中，對於我的治校情形有所描述，茲轉載如後：

民國八十二年二月，謝孟雄校長膺任第二屆監察委員，辭卸校長。董事會乃聘請台北醫學院的訓導長方錫經教授接任。我因在台北醫學院服務之時，就與方校長共事，深受他的關照與指導，所以乃受命續兼主任祕書，協助推展校務。

方錫經校長，籍隸台灣苗栗。國立台灣師大理化系畢業，日本長崎大學醫學部醫學博士，專長於放射線物理學、輻射安全、放射線劑量學。在台北醫學院服務三十多年，講授放射線醫學，並歷兼總務主任、教務主任、訓導長及代理院長等職務。於八十二年三月十六日正式接任實踐學院校長。

方校長為人和藹可親，具有平易近人的樸實風範，處事圓融，全力以赴。但是，個性守正不阿，凡是應該堅持的絕不妥協。他心思縝密，記憶力超人。治校精敏勤奮，一絲不苟。他以校為家，每日中午在辦公室享用其夫人為他製備的「愛心便當」，這樣的「便當校長」，在過去或現在的大學裡，該是絕無僅有的。

方校長治校的理念，特別強調溝通與共識。溝通管道的要訣在「誠」，彼此坦誠才能取得共識，包容尊重，異中求同，化主觀為客觀，化戾氣為祥和，化阻力為助力，校園一切問題，都可迎刃而解。

方校長致力興利除弊，「依法行政」是他的口頭禪。他廢除窒礙難行、不合時宜的法規，訂定新的規章；建立採購制度，開源節流；充實教學設備，改善學習環境，強化師資陣容，以增進教學績效；調整教職員工待遇，提高士氣；倡導學術研究，提升學術研究水準；加強學生社團輔導，關愛學生。在民國八十四年，完成高雄校區的興建與招生；八十六年使學校改名「實踐大學」，學校有了嶄新的圖像。

二〇〇九年七月，實踐大學出版《實踐大學創校五十年校史特刊》，特刊中對我的治校成果，也有詳細的記述，茲轉載如下：

〈方錫經校長的治校成果〉

（一）因應學院轉型發展

自從謝孟雄前校長於八十二年二月一日就任第二屆監委之後，本校校長職位便告虛懸，經董事會多方尋覓，最後決議延請任台北醫學院學務長的方錫經教授接長本校，並於八十二年三月十六日正式接篆視事。

方校長早年畢業於師大理化學系，曾赴日本國立長崎大學醫學研究所博士班深造，對放射線醫學有獨到之研究，北醫為借重其長才，促其提前回國服務，任教北醫時期深受該校學生愛戴。方校長在北醫曾任總務、教務、學務三長及代理院長，行政主管年資長達十八年之久，雖遇艱困均能本乎「公明誠」原則予以妥善處理。

方校長於接任本校校長時，曾接受《今日生活》採訪時指出，今日大學的功能有三：高深學術之研究與專門人才的培養；培養學生適應變遷中的環境之能力；應具有協助學生自我認知與實踐的功能。當然，除了專門知識的鑽研外，應培養正確的價值觀，學校的一切教育行政措施，應以達成學生學習目標為優先，學校一切建設宜以長期發展為著眼，明確教育方針，區劃發展階段，建立暢通師生溝通管道，凝聚共識，增進向心，以促進整體發展。

方校長特別提及，溝通管道之要訣在於「誠」，有了誠才能取得共識，包容尊重，如此才能在異中求同，化主觀為客觀，化戾氣為祥和，化阻力為助力，校園一些問題，當可迎刃而解。談到教育觀點，方校長也有精闢的論點：「就學生而言，除了學習生活智能外，學習為人處事的態度與方法亦極重要。」因此，他經常強調教師除了做經師以外，更需要做人師。此外，方校長極為重視校園倫理，眾所周知，教育的價值在於變化氣質，在校園中，教師視學生如子女，學生視教師如父母，是以教師關心學生課業，照顧學生的生活；學生尊敬師長，乃屬當然。

對於學校的發展，方校長依據學校所訂「四年中程校務發展計畫」內容積極落實推展。他認為要使計畫落實應注意下列幾點：切實分層服務，逐級授權，開拓結合群體的組織能力，加強推動工作的責任心，釐定工作計畫及完成步驟。強化團隊合作精神，應具備整體的意識，切忌本位主義，重視意見的溝通及講求科學的觀念與方法。

方校長對本校的推廣教育、人事制度、會計系統、師生比例等四大優點，有深入瞭解，給予高度肯定。同時表示將來羅致國內外學者專家、傑出校友來校任教，以強化教學研究陣容，提升教學品質，提高學術研究風氣。針對「設計管理」的宗旨，在課程安排上應以人文教育、專業教育、生活教育、資訊教育並重。對於校務發展計畫，他擬定了近程目標：設立研究所，積極爭取增班，以培養師資及加強學術研究；羅致國內外高學位人才，並延攬傑出校友回母校任教；增設校友補修學分班，為校友開闢進修的機會。其中，增班：充分利用現有教學空間、師資設備，積極爭取增班；開設補修學分班：為畢業校友開闢進修深造的機會。同時，他也期勉全校教職員應攜手共進，朝一流大學的理想邁進。

（二）平實作風穩健領導

方校長自接任本校校長以來，全心投入校務的興革發展，特於本校三十九週年校慶發表以下感言：

「教育是百年樹人的大業，大學是研究學術的殿堂，本校戮力從事高等教育，三十九年歷屆畢業校友多達四萬餘人，遍布國內外以及各行業，都能兢兢業業地工作，表現優異，真可謂廣育英才，興邦濟世，貢獻卓越，值得引以為傲。

本校隨著時光的軌跡，走過家政專科、家政經濟專科時代，而現今進入設計管理學院時代，在每一個時代裡，都締造了輝煌的成就。錫經承乏校長職務，於茲四年，在本校既有的基礎宏規之上，承蒙謝創辦人的耳提面命，董事會的指導，校友的支持，全體教職員工的協力合作之下，依照既定的中程校務發展計畫來推展校務，以人文與科技並重、傳統與創新兼顧、軟體與硬體齊步的原則，致力強化師資陣容，充實教學儀器圖書設備，改善教學與研究環境，修訂法令規章，使校務行政制度化，爭取增設學系，倡導學術研究，從事推廣服務，都略具績效，尤其八十四年八月，將高雄校區開發完成，校舍落成啟用，校務亦呈穩健成長。

回首本校過去三十九年的成長歲月，有艱辛更有歡欣，有風雨更有豔陽，有落寞更有榮耀。今天欣逢創校三十九週年校慶，站在歷史的轉捩點上，前瞻未來的遠景，則充滿希望與光明。然則懍於承先啟後，繼往開來的歷史使命，對自己與全體教職同仁，有著深切的期許，中程校務發展計畫繼續推展落實，在台北校區興建行政教學大樓，在高雄校區進行第二期校舍工程，興建學生活動中心及圖書館各一棟，而第三期校舍工程及整體開發建設也已規劃完成，立足台北、放眼高雄，邁向實踐大學的目標。」

本校在改制過程，依教育部規定，學院校地須有十五公頃以上，台北大直校區僅有五公頃，新店文山校區有三十餘公頃，但被列入水源保安保護區，未能使用建校。適有高雄縣內門鄉地方仕紳，熱心教育，對本校之發展極為關切，亟欲本校購置該鄉腳帛寮段土地十五公頃，作為第二校區。本校於八十年八月奉准升格為「實踐設計管理學院」，學校的發展從此邁向另一個新的里程碑。升格後定校名為「設計管理學院」，期以創新辦學內涵，培育出高素質的人才。所謂「設計」是發揮智慧將理想化為實際，進而規劃完善生活品質的科學；「管理」則以發揮團隊精神，並在安定合理中有效完成任務目標。升格後之南北校區已超過五十餘公頃。方錫經校長在接任後一本穩健經營原則，同時為因應升格後各種制度規章之建立，投入了相當多的心力，此期間適逢高雄校區硬體建設之高峰期，在財務運作上必須南北兼顧，以期均衡發展。

八、社會服務與出席國際會議

從事學術研究，撰寫學術論文，由助教而依次晉升講師、副教授、教授，且擔任學生導師，輔導學生的品德與生活。

大學的教師，有教學、學術研究、輔導、社會服務的職責。我在台北醫學院或台北醫學大學服務的時候，既從事教學，教授醫學物理學、核子醫學等課程，並從事學術研究，撰寫學術論文，由助教而依次晉升講師、副教授、教授，且擔任學生導師，輔導學生的品德與生活。除此之外，還從事社會服務，出席國際會議。茲分述如下：

1. 社會服務

（1）考選部六十年第二次醫事檢驗師檢覈面試委員（一九七一・七）
（2）考選部六十年第三次醫事檢驗師檢覈面試委員（一九七一・十二）
（3）考選部六十一年第一次醫事檢驗師檢覈面試委員（一九七二・四）
（4）考選部六十一年第二次醫事檢驗師檢覈面試委員（一九七二・七）
（5）考選部六十一年第二次醫事檢驗生檢覈面試委員（一九七二・七）
（6）考試院八十一年全國性公務人員高等及普通考試典試委員（一九九二・七）
（7）考選部核輻射度量概論科題庫命題（兼審查）小組委員兼召集人（一九九三・一）
（8）中華民國私立大學校院協進會理事
（9）中華民國私立大學校院協進會常務理事

（10）行政院國家科學委員會專題研究計畫審查委員
（11）日本國立放射線醫學總合研究所研究員
（12）崇右技術學院董事

2. 出席國際會議及活動

（1）一九六八年八月　赴日本東京出席國際放射醫學會議，發表論文。
赴日本東京癌中心醫院，見習高能量治療機械。
（2）一九六九年六月　赴日本千葉放射線總合研究所，接受為期七週放射線防護課程。
十月　赴日本大阪出席「核子醫學會議」。
赴日本出席第十二屆國際放射線醫學會議。
赴日本大阪代表徐千田院長參加日本核醫學會議。
赴日本東京參加第十二屆國際放射線醫學會發表論文。
（3）一九七九年二月　赴韓國日本參加教育友好訪問團。
（4）一九八九年八月　赴法國英國考察大學訓導工作。
（5）一九九三年七月　赴日本神戶出席「世界大學會議」。

八月 赴澳洲雪梨出席「泛太平洋私立學校教育聯合會議」。
十二月 赴北京出席「兩岸教育學術研討會」。
（6）一九九四年四月 赴日本東京出席實踐學院姊妹校文化女子大學四十五週年校慶。
七月 應中華民國世界和平教授學會之邀，赴韓國轉美國紐約、華盛頓特區，出席「PWPA國際大學校長韓美和平訪問團」活動。
九月 赴日本東京出席「第十六屆泛太平洋私校聯合會議」。
（7）一九九五年十二月 參加中華民國私立大學校院協進會紐澳大學校院發展觀摩團，赴紐澳參觀訪問。
（8）一九九六年七月 赴美國舊金山出席「國際大學校長協會第十一屆大會」，並訪問實踐學院旅美南加州、北加州校友會。
九月 出國訪問姊妹校新加坡南洋藝術學院及馬來西亞藝術學院。
（9）一九九七年四月 赴日本東京出席「亞太大學協會校長會議」。
（10）一九九八年四月 赴日本神戶出席「放射線醫學會議」與「國際醫學技術影像會議」。
（11）一九九九年六月 赴大陸河南鄭州參加昇達大學畢業典禮。

九、學術論文

1. 英文

- Hsi-Ching Fang, 1968. **Counting Statistics on Radioisotope**, Science Education 13, P.P. 4-6.
- Shunzo Okajima, Hsi-Ching Fang, 1969. **The Whole Body Counter**, Japanese Isotope Association, P.P. 4-5.
- Shunzo Okajima, Shakukei Ho（方錫經）, 1969.10.6-11. **The Whole Body Counter of Nagasaki University**, XII International Congress of Radiology, Tokyo.
- Hsi-Ching Fang, Takashi Aoyama, 1970. **The Properties of Thorotrast˅]^{232}ThO$_2$˅^at the Time of the Animal Experiment**, Taipei Medical College Bulletin 2:4, P.P. 7-8.
- Hsi-Ching Fang, 1972. **The Biologicial Effect of Cells to Radiation**, Biological Science 1:3, P.P. 6-7.
- Takashi Aoyama, Hsi-Ching Fang, 1972. **Comparison of Synchronous DNA Synthesis between Colony Forming and Random Population of L-Strain Mouse Cells**, Int. J. Radiat. Biol. 21, P.P. 545.
- Hsi-Ching Fang, 1973. **Measurements of α - β Rays Activity in Mice Organs**, Taipei Medical Bulletin 5:7.
- Takashi Aoyama, Hsi-Ching Fang, Kazumi Nishiguchi, 1975. **Modification Effects of the Substance**

Derived from Mouse Thymus on Radiosensitivity of Cultured Mammalian Cells, Radiat. Res. 59, P.P. 80-91.

- Y. Okumura, Hsi-Ching Fang, 1979. **Growth Fraction of Tumors Estimated by Continuous Labeling**, Strahlentherapie 155, P.P. 829-832.
- Yutaka Okumra, Sadayuki Sakuma, Hsi-Ching Fang, 1981. **The Elastic Constant of Tissue in the Body Estimated from Computerized Tomography and Ultrasonography**, Nagoya J. Mad. Sci. 44, P.P. 41-46.
- Shunzo Okajima, Hsi-Ching Fang, Masao Kanebo, Takayuki Ozawa, 1982. **Crystal structure of Thorotrast in Human Tissues**, J. Apply Biochem. 4, P.P. 393-399.
- Junko Miyajima, Shunzo Okajima, Hsi-Ching Fang, Hideaki Takao, 1987. **Estimation of Thorium Deposite in Thorotrast Patients by CT-Scanner in Comparison with Whole Body Counter**, J. Radiat. Res. 26, P.P. 196-210.
- Yutaka Okumura, Hsi-Ching Fang, Shunzo Okajima, 1990. **The Effect of a Hypoxic Cell Sensitizer on Cancer Radiotheraphy**, Strahlentherapie 160, P.P. 620-623.
- Wen-Feng Tsai, Shr-Ming Chen, Hsi-Ching Fang, 1998. 12. **Experimental Examinations of the crystal**

structure of solids NaCl, KCl, and RbCl by Use of X-ray Diffraction, Journal of Taipei Medical College, 27:1.

2. 中文

（1）放射性同位素之計數統計（Counting Statistics of Radioisotope），中國自然科學促進會《科學教育》第13卷第4期單行本，1968.2。

（2）放射性同位素之計數統計（Counting Statistics of Radioisotope），《科學教育》第13卷第4期，1968.2。

（3）動物實驗時Thorotrast（$^{232}ThO_2$）之性質（The Propertics of Thorotrast at the Time of the Animal Experiment），《北醫學報》第二卷第一期，1970.8。

（4）放射線對細胞之生物效應，《生物科學》第一卷第三期，1972.4。

（5）利用X光繞射法檢測NaCl、KCl及RbCl等晶體結構（Experimental Examinations of the Crystal Structure of Solids NaCl, KCl and RbCl by Use of X-ray Diffraction.），蔡文鋒Wen-Feng TSAI、陳世明Shi-Ming CHEN、方錫經Hsi-Ching FANG，《北醫學報》第二十七卷第一期，1998.12。

3. 著作

（1）《普通物理學實驗》（大學用書）上、下冊，北醫出版組，1964.5。
（2）《醫農物理學》（大學物理學書系之一），新學術文教出版中心，1980.7。
（3）《力學》（專科用書），新學術文教出版中心，1987.7。
（4）《物理學實驗》（大學用書），新學術文報出版中心，1998.7。
（5）《物理學實驗》（專科用書）上、下冊，崇德書局。

4. 講義

（1）電磁波有害健康
（2）環境污染與健康
（3）核能發電在台灣
（4）生物科技與健康

5. 單篇散文

（1）〈我所認識的創辦人〉，謝東閔創辦人逝世週年

（2）〈多才多藝的醫生、校長〉，謝孟雄院長榮退賀詞

後記

我記述我的人生航程，一則慶祝九十歲大壽及與內子結婚六十週年，一則使我的後代子孫們，了解我此生的所作所為，並期盼他們都能開展自己的人生航程，鼓浪奮勇前進，以締造更加豐美的人生。

生命的質量取決於自己的奮鬥。我自認我的人生已經過一番奮鬥；我相信，一個人不論是偉大還是平凡，只要順應自己的天性，找到自己真正喜歡做的事，並且一心把自己喜歡做的事做得盡善盡美，他在這世界上就有了牢不可破的家園。

英國偉大的物理學家牛頓（Isaae Newton, 1642-1727），在他的自傳裡說：

「我不知道自己呈現給世人的是什麼？但對我個人而言，我始終好像是一個在海邊嬉戲的小孩，在浩瀚的真理海洋將一切『未知』置於我面前之時，自娛於偶然拾到一顆光滑的小卵石，或一枚格外美麗的貝殼而已。」

他又曾經這樣說：「我是站在巨人的肩膀上。」

我也曾經是一個在我的故鄉竹南「海口」沙灘上嬉戲、撿貝殼的小孩，我認為我的人生航程中有什麼地方可圈可點的話，那是因為我獲得許多人的教導與幫助，因此，我要感激感恩的人太多了，當然包括我的父母、族人、家人（尤其是內子吳素淑）、師長、同學、親友和同事等。

本書得以出版，除感謝我的家人（尤其是遠居日本東京的女兒嘉琳為本書起草），也要感謝實踐大學退休教授劉昭仁（他是我任校長時的主任祕書）、實踐大學採編暨出版組的王雯珊小姐，他們協助我整理文稿、校稿與出版事宜，特於此誌謝。

附錄

1. 大事記要

一八八三年八月　父方長出生
一八八九年三月　母杜匏出生
一九三一年一月　錫經出生
一九三八年八月　素淑出生
一九五七年　國立台灣師範大學理化系畢業
一九五七年　台北市立大同高中任教
一九六二年五月　錫經與素淑結婚
一九六三年三月　長子嘉郎出生
應聘台北醫學院（現台北醫學大學）助教
一九六五年一月　長女嘉琳出生
一九六六年三月　晉升台北醫學院講師
一九六八年六月　次子嘉佑出生

八月　父辭世，享壽八十五

九月　至日本國立長崎大學放射線生物研究所攻讀核子醫學

一九七〇年五月　母辭世，享壽八十一

八月　晉升台北醫學院副教授

一九七一年三月　取得日本國立長崎大學醫學博士學位、返回台北醫學院任教

一九七四年　晉升台北醫學院教授

一九七六年　接任台北醫學院總務主任（現總務長）

一九七八年七月　接任台北醫學院教務主任（現教務長）

一九八三年十月　接任台北醫學院代理院長兼訓導長（現學務長）

一九九三年二月　嘉琳與宗德結婚

三月　出任實踐設計管理學院院長

一九九七年五月　嘉佑與宜娟結婚

八月　實踐設計管理學院改名實踐大學；續任校長

一九九九年四月　嘉佑長女伊廷出生

六月　嘉琳長子德倫出生

七月　實踐大學校長六年任期屆滿；卸任後轉任專任講座教授
二〇〇〇年一月　嘉郎與挹凡結婚
十二月　嘉郎長子昱人出生
二〇〇一年八月　嘉佑次女宇晨出生
二〇一五年七月　實踐大學退休，任該校董事迄今

2.《中華民國現代名人錄》方錫經簡介

方錫經，台灣苗栗人，民國二十年一月二十日生於竹南。民國四十六年，畢業於國立台灣師範大學理化系，後任教台北市立大同高中。民國五十一年，接受國立清華大學保健物理訓練。民國五十二年轉任台北醫學院助教，五十五年升任講師。民國五十七年至日本國立長崎大學醫學部深造。民國五十九年升任副教授。民國六十年獲長崎大學醫學博士學位，並接受日本科學技術廳放射線醫學總合研究所放射線防護訓練。民國六十三年升任教授。民國六十五年兼台北醫學院總務主任，六十七年改兼教務主任，七十二年兼該校代理院長，嗣改兼訓導長。民國八十二年三月，出任實踐設計管理學院校長迄今。

方氏曾兼任中山醫學院、中台醫事專科學校等校教授、日本國立癌症中心醫院研究員、日本國立放射線醫學總合研究所研究員、考試院醫事人員檢覈考試委員、公務人員高等考試典試委員、台灣醫學會會員、中華民國自然科學促進會會員、國際放射線醫學會會員、實踐設計管理學院及崇右企業管理專科學校董事、中國生物學會會員。現除為實踐設計管理學院校長外，尚兼中華民國私立大學校院協進會理事、考試院公務人員高等考試題庫命題委員兼召集人、國家科學委員會專題研究計畫審查委員、國際大學校長協會會員、泛太平洋私校協進會會員。

方氏著有放射性同位素之計數統計、動物實驗對ThO_2之性質、放射線對細胞生物效應、小白鼠臟器內α、β放射性之測定、全身計數器等著作，專著《放射性同位素》、《醫農物理學》、《物理學實驗》、《普通物理學實驗》、《力學》等，為醫學及物理學界所稱重。

方氏為一傑出之放射線生物物理學家，一直在教育界及學術界從事教學、研究與服務，作育英才，桃李甚眾，尤以主持實踐設計管理學院校務以來，致力精進校務，充實圖書儀器設備，改善教學研究環境，延攬優異師資，提升學術研究水準，修正相關規章，建立校務行政制度，增設研究所及學系，建設高雄第二校區，平衡南北文教經濟建設與發展，為國家成為亞太營運中心，奠立良好基礎，卓有貢獻。該校亦在立足台北、放眼高雄的信念之下，正大步向實踐大學邁進。

（發文於民國八十七年一月）

3.《民生報》記者陳啟彰專訪

〈平時忙於學校校務　家庭財務鮮少過問　方錫經　太太管錢　十足放心〉

記者陳啟彰／專訪　民八十四．十二．二十二

從事教育工作廿多年，實踐設計管理學院校長方錫經由於工作忙碌，且樂在教學，家庭理財的重任，就交給太座，他自己本身甚至連如何和銀行打交道都不知如何著手，不過，方錫經認為他們家是特例，現代的年輕夫妻，要完成家庭理財目標，最好還是齊心協力，共同理財。

方錫經從學校畢業後，就一直在教育界服務，和太太結婚後，由於家庭的資助，並不需要和一般年輕人一樣，為了購買自住房屋而煩惱，而原本擔任護士的太太，為了相夫教子，於是就專心留在家中，擔負起家庭理財的重任。

之後，方錫經取得醫學博士學位，在台北醫學院擔任教授和校務工作廿幾年，由於校

務工作和教學工作繁忙，雖然太太對財務也一竅不通，但因必須掌管家裡的財務，不得不學，廿幾年下來，他的薪水都交給太太管，家裡所有和銀行往來、生活開銷的事務，也管理得井井有條，甚至是房子改建的事，也都由太座打理。不過，如果家裡有重大的開銷，太太也會和方錫經商量。

倒是方錫經，雖然住在銀行林立的敦化南路，對於理財卻不甚了解，甚至家裡在銀行保管箱有哪些貴重物品、房屋所有權狀等，他也不太了解。他說，有一次為了辦一些金融事務，必須簽名，和太太到銀行，太座在銀行內外忙進忙出，他卻只能呆坐在銀行內，被以前學生看到，還被詢問說，怎麼會坐在銀行裡面休息，害他不好意思了一陣子。

至於家庭的理財方式，方錫經說，由於夫妻兩人家境都還不錯，而夫妻倆個性也是錢夠用就好，不會想去做多餘的投資或冒險，因此，一直都不曾為錢財之事煩惱，理財則以不動產、存款和跟互助會等傳統方式為主。另外，對於風險規畫方面，也投保了儲蓄保險、簡易郵政人壽保險等。

方錫經說，和太太牽手理財都一直很平順而和諧，而為了感謝太座的辛苦，只要是有出國的機會，他都會帶著太太，夫妻倆一起出遊。而由於常常出國，為了節省匯兌的麻煩以及匯差，他也常使用信用卡，而太太則以持他的附卡為主，不過，帳單的事，還是交給太太。

他認為，像他這種完全把理財交給太太是特例，在現今環境下，年輕夫妻最好共同理財，依家庭收支情況，量入為出，且要善用貸款，完成購屋的目標。

4. 我的堂兄方錫玉醫師

方錫玉醫師，民國三年（一九一四年）一月五日，出生於苗栗縣竹南鎮山佳的農人家庭。他不喜歡種田，卻非常喜歡讀書，課後放牛時仍不忘讀書。竹南公學校畢業後，考入新竹中學，畢業後又考入台北帝國大學（今台灣大學）附屬醫學專門學校。畢業後進入台北帝國大學醫學部附屬醫院（今台大醫院），在河石外科教室專攻外科學，擔任沒有薪水的「副手」（當時編制，在教授之下有副教授、講師、助手及副手）。白天上班，晚上自行研究，夜以繼日，治學嚴謹。

方醫師從事骨髓內輸血的研究。當時醫學界早已知道骨髓是人體的造血和免疫器官，許多疾病都和血有關，但是，抗生素尚未發明，很多目前已經可以控制的疾病如肺結核，當時是足以致命的。他主要的工作是抽血投藥，他發現在肘部或腳部皮下靜脈輸血，有時非常困難，想如果在骨髓中打入色素，則色素排入尿中的狀況，和從靜脈中注入相同，顯見從骨髓中注入藥物，和從血管中注入是完全相同的，於是造血的骨髓可以取代血管。他先將病人局部麻醉，再把血針插入病人的胸骨處，直接打入骨髓內，以這種方法輸血，效果非常好。積了近百個病例後，在《台灣醫學會》雜誌上發表〈骨髓內輸血〉的論文，也曾經在民國三十年（一九四一年）醫學會會場上，表演抽病人骨髓的技術，令與會醫師驚訝不已，獲得極高的評價。

他知道骨髓有造血機能，骨髓血液是網狀組織內皮細胞系統，免疫反應的源頭，有細胞賦活作用，一定有某種物質，對癌症腫瘤及惡性貧血有奇蹟似的作用。因此，想到直接抽出健康人的骨髓血液，經由骨髓或靜脈打入病人體內，應會有更好的效果，這種做法就是骨髓移植，這種移植，對癌症末期、惡性貧血及敗血症等極具療效。他不但是台灣第一位做骨髓移植的醫師，當時全世界恐怕也沒有人開始做。可惜這項獨步全球的研究，因為方醫師離開台大醫院，而未能繼續發展。二十年後歐美才有相同的技術而榮獲諾貝爾醫學獎。

他曾經發表的論文有：〈巨大腎臟癌手術治驗例，並從日本腎臟癌腫之統計觀察〉、〈再發生乳癌之外科治療〉、〈剔脾治療特異的脾臟性貧血〉、〈腦血管腫的外科治療效果〉、〈化膿性心囊炎四例（心囊切開三例）〉，並從日本文獻統計驗印〉、〈保存血球及血漿之輸血研究〉等，都是他任台大副手時作的，為杏林所重。

民國三十四年（一九四五年）十二月，他升為台大醫院的外科主任。時值第二次世界大戰結束，台灣光復，他頂下原本日本人在台北市漢口街開設的第一外科醫院。他從頭醫到腳，包括下顎、癌、骨髓炎，做了不少結核脊椎病變（TB spine）的手術，自體骨補綴手術，關節炎、胃癌、腸癌手術，他自認在腸胃、骨頭、關節等疾病的開刀最為拿手。醫術精湛，名聞遐邇，有從中國大陸來求診的病人。他認為開業醫師，沒有辦法選擇病人，急診的人更不能拒絕，因為救人第一，有時候病人不付手術費，他卻很大方的說：「拿不到就算了。」

方醫師夫人高壽子女士，是台北大稻埕望族高敬遠醫師的長女，是婦產科醫師，夫唱婦隨，鶼鰈情深。然而，第一外科的盛況，隨著他的夫人去世及勞保的開辦而式微了，民國八十六年（一九九七年）正式休診。

民國三十七年（一九四八年），方醫師和台大林天佑教授、許書劍教授及國防醫學院張先林教授等，聯合創立「中華民國外科醫學會」，每年舉辦外科醫學會年會，他不曾缺席。他還擔任第一屆台灣醫學會外科分會會長。

方醫師生活簡樸，節儉勤奮，古道熱腸，忠厚謙和，坦誠磊落，做事嚴謹不苟。他是諾貝爾級的名醫師，中央研究院李遠哲院長，在台灣光復五十週年紀念會演講中，特別推崇他。

坐落在台北市開封街的第一外科醫院，已經被列為歷史性紀念建築物。方醫師所擁有的許多醫療儀器，是相當具有價值的歷史資產。他於民國八十七年（一九九八年）三月十二日，將私人醫學文物六百餘件，捐贈給台灣大學醫學院，院方出版《方錫玉校友捐贈醫學文物專輯》，以資紀念，並在一〇一週年院慶大會表揚他。他為台灣醫學奉獻的風範，令人由衷感佩。

方醫師是外科碩彥，懸壺濟世超過一甲子，行醫期間，橫跨日治時代及台灣光復，是台灣近代外科醫學發展史的縮影。方醫師於民國九十八年（二〇〇九年）十二月聖誕節前夕逝世，享壽九十八歲。

Do人物79　PE0193

脫下實驗袍的大學校長
——方錫經的人生航程

作　　者／方錫經
策　　劃／錢中媛
文字編輯／王雯珊
責任編輯／姚芳慈
圖文排版／蔡忠翰
封面設計／劉肇昇

出版策劃／獨立作家
發 行 人／宋政坤
法律顧問／毛國樑　律師
製作發行／秀威資訊科技股份有限公司
地址：114 台北市內湖區瑞光路76巷65號1樓
電話：+886-2-2796-3638　傳真：+886-2-2796-1377
服務信箱：service@showwe.com.tw
展售門市／國家書店【松江門市】
地址：104 台北市中山區松江路209號1樓
電話：+886-2-2518-0207　傳真：+886-2-2518-0778
網路訂購／秀威網路書店：https://store.showwe.tw
國家網路書店：https://www.govbooks.com.tw

出版日期／2021年11月　BOD一版　**定價**／280元

獨立作家
Independent Author
寫自己的故事，唱自己的歌

讀者回函卡

脫下實驗袍的大學校長——方錫經的人生航程/方
錫經著. -- 一版. -- 臺北市 : 獨立作家, 2021.11
面；　公分. -- (Do人物 ; 79)
BOD版
ISBN 978-986-99368-9-7(平裝)

1.方錫經 2.臺灣傳記

783.3886　　110010957

國家圖書館出版品預行編目